Cachorros de tigre

Julie Murray

Abdo Kids Junior es una
subdivisión de Abdo Kids
abdobooks.com

Abdo
CRÍAS DE ANIMALES
Kids

abdobooks.com

Published by Abdo Kids, a division of ABDO, P.O. Box 398166, Minneapolis, Minnesota 55439.
Copyright © 2020 by Abdo Consulting Group, Inc. International copyrights reserved in all countries.
No part of this book may be reproduced in any form without written permission from the publisher.
Abdo Kids Junior™ is a trademark and logo of Abdo Kids.

Printed in the United States of America, North Mankato, Minnesota.

052019

092019

THIS BOOK CONTAINS
RECYCLED MATERIALS

Spanish Translator: Maria Puchol

Photo Credits: Alamy, iStock, Minden Pictures, Shutterstock, ©Gerard Lacz/Shutterstock p23

Production Contributors: Teddy Borth, Jennie Forsberg, Grace Hansen

Design Contributors: Christina Doffing, Candice Keimig, Dorothy Toth

Library of Congress Control Number: 2018968184

Publisher's Cataloging-in-Publication Data

Names: Murray, Julie, author.

Title: Cachorros de tigre/ by Julie Murray.

Other title: Tiger cubs. Spanish

Description: Minneapolis, Minnesota : Abdo Kids, 2020. | Series: Crías de animales

Identifiers: ISBN 9781532187223 (lib.bdg.) | ISBN 9781644941300 (pbk.) | ISBN 9781532188206 (ebook)

Subjects: LCSH: Tiger cubs--Juvenile literature. | Baby animals--Juvenile literature. | Zoo animals--
Infancy--Juvenile literature. | Tigers--Juvenile literature. | Spanish language materials--Juvenile
literature.

Classification: DDC 599.756--dc23

Contenido

Cachorros de tigre . . .4

¡Mira cómo crece un
cachorro de tigre! . . .22

Glosario 23

Índice 24

Código Abdo Kids . . .24

Cachorros de tigre

Las **hembras** de tigre tienen de 2 a 4 crías a la vez.

Los cachorros son pequeños.

Pesan 3 libras (1.4 kilos)

al nacer.

Nacen con rayas en su pelaje.

Se quedan dentro de la **madriguera**. Esto los mantiene a salvo.

Se alimentan de la leche de la madre. Poco tiempo después comerán carne también.

La madre limpia a los cachorros con la lengua.

Cuando los cachorros tienen 6 semanas salen de la **madriguera**.

Aprenden a cazar. Observan a su madre.

A los cachorros les

encanta jugar.

¡Mira cómo crece un cachorro de tigre!

recién nacido

con 2 meses

con 18 meses

con 36 meses

Glosario

hembra
animal de sexo femenino que
puede tener crías.

madriguera
lugar de descanso para
algunos animales.

Índice

cazar 18

comida 12

jugar 20

limpiar 14

madre 4, 12, 14, 18

madriguera 10, 16

pelaje 8

rayas 8

tamaño 6

Abdo Kids
ONLINE
FREE! ONLINE MULTIMEDIA RESOURCES

¡Visita nuestra página **abdokids.com** y usa este código para tener acceso a juegos, manualidades, videos y mucho más!

Código Abdo Kids:
BTK1689